X

...ONNAIRE
D'ARGOT,

ou

GUIDE DES GENS DU MONDE,

POUR LES TENIR EN GARDE

CONTRE LES MOUCHARDS, FILOUX, FILLES DE JOIE,

ET AUTRES FASHIONABLES ET PETITES

MAITRESSES DE LA MEME TREMPE.

PAR UN MONSIEUR COMME IL FAUT,

Ex-Pensionnaire de Ste-Pelagie.

Faut-il que sur le front d'un gibier de galère,
Brille de la vertu le saint caractère,
Et ne devrait-on pas à des signes certains
Reconnaître le cœur des scélérats complus.

PARIS,

...

(on marque les figures
de la planche de
musique.)

DICTIONNAIRE

D'ARGOT,

OU

GUIDE DES GENS DU MONDE,

POUR LES TENIR EN GARDE
CONTRE LES MOUCHARDS, FILOUX, FILLES DE JOIE,
ET AUTRES FASHIONABLES ET PETITES-
MAÎTRESSES DE LA MÊME TREMPE.

PAR UN MONSIEUR COMME IL FAUT,
Ex-Pensionnaire de Ste-Pélagie.

Faut-il que sur le front d'un gibier de galère,
Brille de la vertu le sacré caractère,
Et ne devrait-on pas à des signes certains
Reconnaître le cœur des scélérats coquins.

PARIS,
CHEZ LES MARCHANDS DE NOUVEAUTÉS

1827.

84153

IMPRIMERIE DE GUIRAUDET, RUE ST.-HONORE.
N. 315.

PRÉFACE.

Depuis long-temps ce dictionnaire manquait dans la librairie. C'est donc rendre un véritable service à ce corps respectable et utile que de s'occuper de ses intérêts.

Les jeunes gens de l'ancien régime, ces aimables roués qui s'adonnaient aux plaisirs avec tant d'ardeur, illustrés par leurs nombreux exploits galants, parachevaient leur éducation en faisant une étude particulière du langage appelé vulgairement *argot*, et les plus grands seigneurs ne dédaignaient point d'entrer en lice avec *une fille de joie*, pourvu qu'ils pussent profiter de ses leçons.

Chaque corps d'état a son dialecte, plus ou moins difficile à entendre. Le plus noble et le plus serré est sans contredit celui des voleurs. Aussi avons-nous apporté tous nos soins à compléter un petit dictionnaire du langage de de ces messieurs.

Les comédiens ont aussi leur dialecte. Les historiens rapportent que Préville jargonnait le sien à merveille.

Pour demander : Combien paie-t-on pour entrer à la comédie, *Combien rafile-t-on de logagne pour allumer la bouleyetade?* La troupe s'appelait *banque.* Pour demander : Celui qui est à côté de vous est-il un comédien, *Le gouze qui est à votre ordre est-il de la banque?* Si l'interrogé répondait négativement, il disait : *Non, il est laf comme le raboin,* ce qui signifiait : Il est profane comme le diable.

Les considérations majeures qui ont engagé l'éditeur à faire une nouvelle publication de ce petit dictionnaire seront faciles à concevoir. Un exemple viendra justifier son entreprise.

Revenant dernièrement d'un bal, je passais à deux heures sur le boulevart Saint-Martin, en face la rue de Bondy, lorsque je m'aperçus que j'étais suivi par deux individus qui parlaient entre eux de manière cependant à être entendus. Ce qui les avait séduit chez moi était un fort beau manteau dont j'étais alors enveloppé. Après quelques discussions, il paraît qu'ils arrêtèrent de me *filer ma plure* (de me voler mon manteau). Grâce à mon système d'éducation, il me fut facile d'obvier à cet inconvénient. Je me dédrappai aussitôt, en prenant les coins de mon manteau, prêt à les leur lancer à l'espagnole, et à leur couper la figure avec. Je les attendis bien tranquillement. Donne-nous ta montre, me dit fort brusquement le *fanandel....* Impossible, lui répondis-je en m'écartant un peu. *Ma toquante* n'est pas faite pour *un marlousier* de ton espèce; et quant à *ma plure, viens me la débrider.* Ils se consultèrent entre eux, s'approchèrent pour m'examiner de nouveau; mais voyant que j'allais leur couper la figure avec mon manteau, ils prirent aussitôt la fuite. Et moi de bénir le hasard qui m'a fait apprendre leur dialecte.

Nous offrons ce Dictionnaire aux gens du monde pour les prémunir contre les voleurs, filoux, escrocs, mouchards, filles de joie, en un mot contre les habitants des galères et autres endroits de société plus ou moins aimables.

Particuliers par trop séduisants, quels remerciements ne devez-vous pas à ces marchands de nouveautés qui s'empressent de vous offrir cet aimable guide.

DICTIONNAIRE D'ARGOT.

—

LATIN-FRANÇAIS (1).

A.

Abbaye rusante. Four chaud.
Abloquir. Acheter.
Affe (l'). La vie.
Affurer. Triompher, tromper.
Ambier. Fuir.
Andosse. Échine, dos.
Angluces. Oies.
Angoulême (l'). La bouche.
Anquilleuse. Femme qui porte un ta-

---

(1) Par le mot *latin*, ces messieurs entendent *argot*.

blier, pour cacher ce qu'elle vole chez les marchands.

Antiffe. Marche.

Antroller. Emporter.

Apôtres. Doigts.

Aquiger. Faire.

Astic. Épée.

Attaches. Boucles.

Attaches d'huile. Boucles d'argent.

Atiger. Blesser.

Attrimer. Prendre.

Avergots. Œufs.

B.

Babillard. Livre.

Babillarde. Lettre, épître.

Baccon. Pourceau.

Bâcler. Fermer.

Barbaudier de castu. Gardien d'un hôpital.

Balle. Franc.

Basourdir. Tuer.

Batouze. Toile.

Battre comtois.   Faire le niais, l'imbécille.

Battre l'antiffe, battre l'estrade.   Marcher.

Baude.   Vér...

Baudru.   fouet.

Bauge.   Coffre.

Baigneuse.   Tête.

Bier.   Aller.

Blavin.   Mouchoir.

Boc.   Montre.

Bouffarde.   Pipe.

Bouillante.   Soupe.

Bouliner.   Voler.

Bouis (Le).   Le fouet.

Boutanche.   Boutique.

Brêmes.   Cartes.

Brenicle.   Rien, non.

Briqman.   Sabre.

Brider.   Fermer.

Brocante.   Bague.

Brouée.   Des coups.

Butte (la).   Guillotine.

Butté (être).   Être guillotiné.

C.

Cachemire d'osier. Hotte de chiffon-
nier.

Cachemitte. Cachot.

Cagou. Voleur solitaire.

Callots. Teigneux.

Caloquet. Chapeau.

Calvin. Raisin.

Calvigne. Vigne.

Cambrose. Servante.

Camelote. Chose.

Camouffle. Chandelle.

Camuse. Carpe.

Canton. Prison.

Cantonniers. Prisonniers.

Capons. Les écrivains des autres.

Caruche. Prison.

Cassantes. Des noix.

Casser la hane. Couper la bourse.

Castroz. Chapon.

Castu. Hôpital.

Chenâtre, chenu. Bon, beau.

Chenuement. Fort bien.

Chopin. Objet volés.

Coëfre. Maître des gueux.

Coffier. Tuer.

Combre. Chapeau.

Comte de la caruche. Geôlier.

Cône (la). La mort.

Coquillards. Pèlerins.

Cornant. Bœuf.

Cornante. Vache.

Corner. Puer.

Cornets d'épices. Pères capucins.

Couleurs (monter des). Mentir.

Couliant. Du lait.

Courteaux de boutanche. Ceux qui volent des outils chez leurs maîtres.

Craquelin. Menteur.

Creux. Maison.

Cric, Croc. A ta santé.

Crie, Criolle. De la viande.

Crier au vinaigre. Cier après quelqu'un.

Crocs (les). Dents.

Crucifix. Pistolet.

Crote d'ermite. Poire cuite.

Culbute. Culotte.

D.

Dabe. Maître, père, roi.

Dabuche. Maîtresse, mère.

Dardant. L'Amour.

Daron. Maître, père.

Daronne. Maîtresse, mère.

Débâcler. Ouvrir.

Débiner. Parler contre.

Débrider. Ouvrir.

Défalquer. Ch....

Défardeur. Voleur.

Déflourer la picouze. Prendre le linge qui est étendu sur des perches dans les prés.

Défrusquiner. Déshabiller.

Démurger. S'en aller.

Détacher le bouchon. Couper la bourse.

Doublage. Larcin, larronage.

Doubleur. Larron.

Doubleux de sorgue ou sorgne. Larron de nuit.

Douilles. Cheveux.

Drille. Soldat.

Dure (la). La terre.

E.

Effaroucher. Voler.

Egrailler ou érailler l'ornie.   Prendre
la poule.

Embander.   Prendre de force.

Empave.   Drap du lit.

Entiffe, entonne.   Eglise.

Entraver ou enterver.   Entendre, écouter, comprendre.

Entroller.   Emporter.

Epouser la foucandière. C'est quand les
filoux jettent ce qu'ils ont dérobé, de
peur d'être pris.

Epouser la veuve.   Être pendu.

Erailler.   Tuer.

Esbrouffe. Air important.

Escoutes.   Oreilles.

Esganacer.   Rire.

Esgarer.   Perdre.

Espigner (s').   Se sauver.

Estafon.   Chapon.

Estuquer.   Attraper un coup.

F.

Fanandel.   Camarade.

Faraude.   Madame, mademoiselle.

Farot.   Monsieur.

Felouse. Poche.

Fertange. La paille.

Ficher ou déficher. Bailler.

Flambe. Épée.

Flou (le), floutière. Rien.

Floueur. Escroc aux jeux.

Foncer, fouquer. Donner.

Fouillouse. Poche.

Francillon. Français.

Francs mitoux. Faux malades.

Fretillante. La queue.

Fretille. Paille.

Fretiller. Danser.

Frimion. Le marché.

Frollant. Traître.

Froller sur la balle. Médire de quelqu'un.

Frusquin. Habit.

Frusquiner. Habiller.

G.

Gallier. Cheval.

Gance. Clique.

Gargouenne. Bouche.

Gaudille. Epée.

Gaux-picantis.   Des pous.
Gitre.   J'ai.
Glace.   Verre à boire.
Glier, glinet.   Le Diable.
Goupline.   Pinte.
Gourdement.   Beaucoup, bien.
Grain.   Ecu.
Gratouse.   Dentelle.
Greffir.   Dérober finement.
Grenasse.   Grange.
Grenu.   Blé.
Grenuche.   Avoine.
Grenue.   Farine.
Griffard.   Chat.
Griffer.   Prendre.
Grincher.   Voler.
Gripis.   Meunier.
Gris (le).   Le vent, le froid.
Grive (la).   La guerre.
Grivier.   Soldat.
Gueulard.   Bissac.
Guibons.   Jambes.
Guibons de satou.   Jambes de bois.
Gy, girolle.   Oui.

H.

Hane.   Bourse.
Happer le taillis.   S'enfuir vite.
Happin (un).   Un chien.
Harpions.   Mains.
Haut-tems.   Grenier.
Havre.   Dieu.
Herplis.   Liards.
Hubins.   Ceux qui se disent mordus de chiens enragés.
Huile.   De l'argent.
Huîtres de Varanne.   Fèves.
Hust must.   Grand merci.

J.

Jaspiner.   Parler.
Jaspin.   Oui.
Jonc.   Or.
Juxte.   Près, contre.

L.

Lance.   Eau.

Lancequiner. Pleuvoir.
Landau à baleines. Parapluie.
Lanterne. Fenêtre.
Largue. Catin.
Larton brutal. Pain bis.
Larton savonné. Pain blanc.
Lascailler. Pisser.
Laver. Vendre.
Licher. Boire.
Limasse, lime. Chemise.
Lingres. Couteaux.
Longue. Année.
Louche (la). La main.
Lourdaut. Portier.
Lourde (la). La porte.
Luisant. Le jour.
Luisante. La lune, la fenêtre.
Luisard. Le soleil.
Luisarde. La lune.
Luques. Faux certificats.

M.

Malingreux. Ceux qui ont de fausses
plaies.

Maqui (mettre du). Se mettre du rouge.

Maquiller. Travailler, battre.

Maquiller les brêmes. Jouer aux cartes.

Marcandiers. Ceux qui disent avoir été volés.

Marcandier signifie encore un marchand.

Marlousier. Maquereau.

Maron. Du sel.

Marpaut. Maître, homme.

Marquant. Homme.

Marque. Fille.

Marquin. Couvre-chef.

Marquise. Femme.

Maturbes. Dés.

Mec. Bon Dieu.

Menée d'avergots. Douzaine d'œufs.

Menée de ronds. Douze sous.

Menteuse. Langue.

Mézière. Moi, simple.

Michon (du). De l'argent.

Millards. Ceux qui portent des bissacs sur le dos.

Mion. Garçon.

Mions de boule. Coupeurs de bourse, filoux.

Molanche. Laine.
Montante. Culotte.
Morfe (la). Le repas, la mangeaille.
Morfiante. Assiette.
Morfier. Manger.
Morne, Mouton, brebis.
Mornos. La bouche.
Mouchailler. Regarder.
Mouillante. Morue.
Mouscailler, ou filer du proye. Ch...
Mousse. M....
Moutard. Enfant.

N.

Narquois. Soldat mendiant.
Nazonant. Le nez.
Nouzaille, nouzingan, nozière. Nous.

O.

OEil (avoir à l'). Sans payer.
Ornichon. Poulet.
Ornie. Poule.
Ornie de balle. Poule d'Inde.

Ornion. Chapon.
Orphelins. Ceux qui vont de compagnie.

P.

Pacant. Un passant.
Paladier. Un pré.
Pallots. Paysans.
Palpitant Cœur.
Panturne. Catin.
Paquelin. L'enfer.
Parfond. Pâté.
Parfonde. Cave.
Pasquelin. Pays.
Passants, passifs. Souliers.
Pâté d'ermite. Des noix.
Pate (la). La lime.
Paturons. Les pieds.
Paturons de cornant. Pieds de bœuf.
Paturons de morne. Pieds de mouton.
Pégoces. Pous.
Pellard. Du foin.
Petouze. Pistole.
Pharos. Gouverneur d'une ville.

Piau. Lit.

Piausser. Se coucher.

Picter. Boire.

Picton. Boisson.

Piètres. Estropiés.

Pincer. Prendre.

Pinos. Des deniers.

Piolle. Cabaret, taverne.

Piollier. Tavernier.

Pioncer. Dormir.

Pipet. Château.

Pitancher. Boire.

Pivois. Du vin.

Pivois savoné. Vin blanc.

Plomber. Puer.

Plotte. Bourse.

Plure. Redingotte, manteau.

Poitou (le) Non, rien.

Polissons. Ceux qui vont presque nus.

Pommard. Bierre.

Pomer marron. Prendre sur le fait.

Ponisse magnuée. Femme débauchée.

Poisson. Souteneur.

Pouchon. Bourse.

Poser et marcher dedans. S'embrouiller.

Pousse (la). Corps des gendarmes.
Proye. Le c...

Q.

Quart-d'œil. Commissaire.
Quoque. Aussi, même.

R.

Raboteux ou doubleux de sorgue.
  Larron de nuit.
Ragot. Quart d'écu.
Raille. Mouchard.
Ratichon. Abbé, prêtre.
Recoquer. Rendre.
Rebâtir. Tuer.
Rejaquer. Crier.
Rême. Fromage.
Renâcler. Crier après quelqu'un.
Rengrâcier. Renoncer.
Rifauder. Brûler, cuire, chauffer.
Rife. Feu.
Rincer. Voler.
Riolle. Bonne chère.

Rond. Un sou.
Rondelets. Tétons.
Rondin. ~ M....
Rossignoler. Chanter.
Rouatre. Du lard.
Roufier. Soldat.
Rouillarde. Bouteille.
Rouin. Prévôt.
Roumard. Roué.
Rouscaillante. La langue.
Rouscailler. Parler.
Rouscailler bigorne. Parler jargon.
Roveaux. Gendarmes.
Rupin. Gentilhomme.
Rupine. Dame.
Rusquin. Ecu.

S.

Sabouler. Incommoder, ou cirer.
Sabouleux. Ceux qui tombent du haut-
mal.
Sabre. Un bâton.
Sabrenot. Cordonnier, savetier.
Sabrieux. Voleur de bois.

Sacre. argent.
Salivergne. Ecuelle.
Santu. Santé.
Sapins. Planches.
Satou. Bois, forêt.
Sauter, *act.* Voler. Sauter, *neut.*
 Puer.
Serpillière. Robe.
Serpillière à ratichon. Robe de prêtre.
Sezière, sezingand. Lui.
Solir. Le ventre.
Sorgue ou sorgne. La nuit.
Stue. Part du larcin.
Suer, faire suer. Se faire donner part
 du vol.

T.

Tabar, tabarin. Manteaux.
Tante (ma). Mont-de-piété.
Tappe (la). La fleur-de-lis.
Tartir. Chier.
Tenante, tezière, tezignard, tezingand.
 Toi.
Thune. L'aumône.

Tirans. Bas.

Tirou. Chemin.

Toccange. Coquilles de noix.

Toccante. Montre.

Tollard, tolle. Le bourreau.

Tôle. Derrière.

Torniquet. Moulin.

Tournante. Une clé.

Tourner (faire). Attraper.

Tourtouse. Corde.

Toutime. Tout.

Treffle. Tabac.

Trefflière. Tabatière.

Trimancher. Cheminer, marcher.

Trimard. Chemin.

Trimarder, trimer. Cheminer, marcher.

Tronche (la). La tête.

Tronche de morne. Tête de mouton.

Trottant. Rat.

Trucher. Demander l'aumône.

Trucheux. Gueux.

V.

Verdouzier. Jardin.

Vergne. Ville.
Verver. Pleurer, crier.
Vouzailles, vouzingand, vozière.
  Vous.

Fin du Dictionnaire latin-français.

DICTIONNAIRE D'ARGOT.

—

FRANÇAIS-LATIN.

A.

Abbé. Ratichon.

Acheter. Abloquir.

Admirable, bon, excellent. Chenu,
chenâtre.

Air important. Esbrouffe.

Aller. Bier.

Aller (s'en). Démurger.

Amour. Dardant.

Année. Longue.

Attraper. Faire tourner.

Attraper un coup. Estuquer.

Argent (de l'). De l'huile, de la bille,
du michon(1).

___

(1) Voilà les seuls mots qui signifient
de l'argent. *Douille,* depuis long-temps,
ne veut plus dire que cheveux.

Assiette. Morfiante.
Aumône (l'). Thune.
Auprès. Juxte.
Aussi. Quoque.
Avoine. Grenuche.

B

Bague. Brocante.
Bailler, donner. Ficher ou déficher.
Bas (les). Tirans.
Bâton. Sabre.
Battre l'estrade, marcher. Battre l'an-
tiffe.
Beau. Chenu, chenâtre.
Beaucoup. Gourdement.
Bien, fort bien. Chenuement.
Bierre. Pommard.
Bissac. Gueulard.
Blé, Grenu.
Blesser. Atiger.
Bœuf. Cornant.
Boire. Picter, pitancher.
Bois à toi (je). Cric, croc.
Bois, du bois. Satou.
Boisson. Picton.

Bon, excellent, admirable. Chenu, chenâtre.

Bonne chère. Riolle.

Bouche (la). Angoulême, mornos, gargouenne.

Boucles. Attaches.

Boucles d'argent. Attaches d'huile.

Bourreau. Tollard, tolle.

Bourse (la). Bouchon, hane, plotte.

Bouteille. Rouillarde.

Boutique. Boutanche.

Brûler. Rifauder.

C.

Cabaret, taverne. Piolle.

Cabaretier. Piollier.

Cachot. Cachemitte.

Callot. Teigneux.

Camarade. Fanandel.

Capucin. Cornet d'épices.

Carpe. Camuse.

Cartes. Brêmes.

Catin. Largue, panturne.

Cave. Parfonde.

Certificat faux. Luque.

Chandelle. Camouffle.

Chanter. Rossignoler.

Chapeau. Caloquet, combre.

Chapon. Castroz, ornion.

Chat. Griffart, estafion.

Château. Pipet.

Chauffer. Rifauder.

Chemin. Trimard.

Cheminer. Trîmer, trimarder, tri-mancher.

Chemise. Lime, limasse.

Cheval. Gallier.

Chien (un). Un happin.

Ceux qui ont été mordus par des chiens enragés. Hubins.

Ch..... Mouscailler, filer du proye, tartir, défalquer.

Chopine. Tenante.

Chose. Camelotte.

Clef. Tournante.

Clique. Gance.

Cochon. Baccon.

Cœur. Palpitant.

Coffre. Bauge.

Commissaire. Quart-d'œil.

Compagnie, ceux qui vont de compagnie. Orphelins.

Comprendre, écouter, entendre. Entraver, ou enterver.

Contre, près, auprès. Juxte.

Coquilles de noix. Toccanges.

Corde. Tourtouze.

Cordonnier. Sabrenot.

Corps des gendarmes. La pousse.

Coucher (se). Piausser.

Couper la bourse. Casser la hane, détacher le bouchon.

Coupeurs de bourse. Mions de boule.

Coups (des). Une brouée.

Couteaux. Lingres.

Couvre-chef. Marquin.

Crier, tempêter après quelqu'un. Renâcler, crier au vinaigre, ou rejaquer.

Crier, pleurer. Verver.

Cuire. Rifauder.

Cul (le). Proye.

Culotte. Culbute.

D.

Dame. Rupine.

Danser. Frétiler.

Demander l'aumône. Trancher.

De même, aussi. Quoque.

Denier. Pinos.

Dentelle. Gratouze.

Dents (les) Les crocs.

Dérober finement. Greffir.

Dés. Maturbes.

Déshabiller. Défrusquiner.

Diable (le). Glinet ou glier, glivet.

Dieu. Mec, havre.

Doigts. Apôtres.

Donner. Bailler. Ficher ou déficher. foncer, fouquer

Donner part du vol. Suer.

Dormir. Pioncer.

Dos, échine. Andosse.

Douzaine. Menée.

Douzaine d'œufs. Menée d'avergots,

Douzaine de sous. Menée de ronds.

Draps du lits. Empaves.

E.

Eau. Lance.

Eschine. dos. Andosse.

Ecrivain des autres.   Capon.
Ecu.   Rusquin, grain.
Ecuelle.   Salivergne.
Eglise.   Entiffe, entonne.
Emporter.   Antroller ou entroller.
Enfant.   Moutard.
Enfer.   Paquelin.
Entendre, écouter, comprendre.   En-
   traver ou enterver.
Epée.   Astic, flambe, gandille.
Epier, examiner.   Mouchailler.
Escroc au jeu.   Floueur.
Estropiés.   Piètres.
Excellent, bon admirable.   Chenu,
   chenâtre.

F.

Faire.   Aquiger.
Faire donner part du vol (se).   Faire
   suer.
Farine.   Grenue.
Femme.   Marquise.
Femme débauchée.   Ponisse magnuce.
Femme qui cache ce qu'elle vole sous
   un tablier.   Anquilleuse.

Fenêtre.   Lanterne, luisante.

Fermer.   Brider, bâcler.

Feu.   Rife.

Fèves.   Huîtres de varanne.

Fille.   Marque.

Fleur de lis appliquée sur l'épaule (la).
   La tappe.

Foin (du).   Pellard.

Forêt.   Satou.

Fort bien.   Chenuement.

Fouet.   Baudru.

Four chaud.   Abbaye rusante.

Franc.   Balle.

Français.   Francillon.

Froid (le), le vent.   Le gris.

Fromage.   Rême.

Fuir.   Ambier, filfarder.

G.

Garçon.   Mion.

Gardien d'hôpital.   Barbaudier de
   castu.

Gendarmes.   Roveaux, ou la lousse.

Gentilhomme.   Rupin.

39

Geôlier. Comte de la caruche.
Gouverneur d'une ville. Pharos.
Grand merci. Hust must.
Grange. Grenasse.
Grenier. Haut-temps.
Guerre (la). La grive.
Gueuser. Trucher.
Gueux. Trucheux.
Guillotine (la). La butte.
Guillotiné (être). Butté.

H.

Habiller. Frusquiner.
Habit. Frusquin.
Haut-mal (ceux qui tombent du). Sabouleux.
Homme. Marpaut, marquant.
Hôpital. Castu.
Hotte de chiffonier. Cachemire d'osier.

I.

Ici. Icicaille.

Incommoder. Sabouler.

J.

J'ai. Gitre.
Jambes de bois. Guibons de satou.
Jardin. Verdouzier.
Jeter les choses dérobées, de peur d'être
   pris. Epouser la foucandière.
Jour (le). Luisant.

L.

Laine. Molanche.
Lait (du). Couliant.
Langue (la). Rouscaillante, menteuse.
Larcin. Doublage.
Lard (du). Rouatre.
Larron. Doubleur.
Larron de nuit. Rabatteux, ou dou-
   bleux de sorgue ou sorgne.
Larronage. Doublage.
Lettre, épître. Babillarde.
Liards. Herplis.
Lit. Piau.
Livre. Babillard.

Lune (la).   Luisarde.

Lui ou elle.   Sezière, sezingand.

M.

Madame.   Faraude.

Mademoiselle.   Faraude.

Mains (les).   Les louches, les harpions.

Maison.   Creux.

Maître (le).   Marpaux.

Maître (le), le père.   Daron, dabe.

Maître des gueux.   Coëfre.

Maîtresse, mère.   Daronne, dâbuche.

Malades (faux).   Francs-mitoux.

Mangeaille.   La morfe.

Manger.   Tortiller, morfier.

Manteau.   Tabar, tabarin, plure.

Marchand.   Marcandier.

Marché, le marché.   Boule.

Marcher.   Battre l'antiffe, trimer, trimarder, trimancher.

Médire de quelqu'un.   Froller sur la
balle.

Même.   Quoque.

Mendier.   Droguer.

Mensonge.   Couleur.
Menteur.   Craquelin.
Mentir.   Monter des couleurs.
Mère.   Daronne, dabuche.
M.....   Rondin, mousse.
Meûnier.   Gripis.
Moi.   Mézière.
Monsieur.   Farot.
Mont-de-Piété.   Ma tante.
Montre.   Toccante, boc.
Mort (la).   La cône.
Morue.   Mouillante.
Mouchard.   Raille.
Mouchoir.   Blavin.
Moulin.   Torniquet.
Mouton, brébis.   Morne.

N.

Nez (le).   Nazonant.
Niais (faire le.   Battre comtois.
Noix.   Cassantes, pâtés d'hermites.
Non.   Brenicle.
Nous.   Nouzaille, nouzingan, nozière.
Nuit (la).   Sorgue ou sorgue.

Nus, ceux qui vont presque nus. Polissons.

O.

OEufs. Avergots.
Or. Jonc.
Oreilles. Escoutes.
Oter le linge de dessus les haies. Déflourer la picouze.
Ouvrir. Débâcler, débrider.
Oui. Gy, girolle, jaspin.
Oies. Angluces.

P.

Paille. Fertange, fretille.
Pain. Larton.
Pain blanc. Larton de meulans, larton savonné.
Pain blanc. Larton de gros Guillaume, larton brutal.
Parapluie. Landau à baleines.
Parler. Rouscailler, jaspiner.
Parler contre. Débiner.

Parler jargon. Jaspiner, rouscailler bigorne.

Part du larcin. Stue.

Passant. Pacant.

Pâté. Parfond.

Payer (ne rien). Avoir à l'œil.

Pays. Pasquelin.

Paysans. Pallots.

Pèlerins. Coquillards.

Pendu, être pendu. Epouser la veuve.

Perdre. Esgarer.

Père. Daron.

Pieds. Paturons.

Pieds de bœuf. Paturons de cornant.

Pieds de moutons. Paturons de morne.

Pinte. Goupline.

Pipe. Bouffarde.

Pisser. Lascailler.

Pistole. Petouze.

Pistolet. Crucifix.

Plaies, fausses plaies, ceux qui les ont. Malingreux.

Plancher. Sapin.

Pleurer. Verver.

Pleuvoir. Lancequiner.

Poche. Felouse, fouillouse, profonde.

Poires cuites.   Crottes d'ermites.

Porte.   Lourde.

Porteurs de bissacs sur le dos.   Millards.

Portier.   Lourdaut.

Poule.   Ornie.

Poule d'Inde.   Ornie de balle.

Poulet.   Ornichon.

Pourceau.   Baccon.

Pous.   Gaux-picantis, pégoces.

Pré.   Paladier.

Prendre.   Attrimer, pincer.

Prendre le linge qui est étendu sur des perches dans les prés.   Déflourer la picouse.

Prendre la poule.   Egrailler, ou érailler l'ornie.

Prendre de force. Embander.

Prendre sur le fait.   Pomer marron.

Près, auprès.   Juxte.

Prêtre.   Ratichon.

Prévôt.   Rouin.

Prison.   Canton, caruche.

Prisonniers.   Cantonniers.

Proche.   Juxte.

Puer. Corner, plomber, sauter.

Q.

Quart d'écu. Ragot.
Queue (la). Fretillante.

R.

Raisin. Calvin.
Rat. Trottant.
Regarder, examiner, épier. Mouchailler.
Rendre. Recoquer.
Repas. La morfe.
Rien. Le flou, floutière, brenicle, le Poitou.
Rire. Esganacer.
Robe. Serpillière.
Robe de prêtre. Serpillière à ratichon.
Roué. Roumard.
Roi. Grand dabe.
Rouge (mettre du). Maqui.

S.

Sabre. Briqman, bâton.

Santé. Santu.

Santé (à ta). Cric, croc.

Savetier. Sabrenot.

Sel (du). Maron.

S'embrouiller. Poser et marcher dedans.

S'enfuir. Happer le taillis, s'esbigner.

Sergent. Sacre.

Servante. Cambrose.

Sou (un). Rond.

Soldat. Rouffier, drille, grivier.

Soldat mendiant. Narquois.

Soleil (le). Luisard.

Souliers. Passans, passifs.

Soupe. Bouillante

Souteneur. Poisson.

T.

Tabac. Trèfle.

Tabatière. Trefflière.

Teigneux. Callots.

Terre (la). La dure.

Terre, ce qui n'est point mer. Le sapin des cornants.

48

Tête. Tronche, beigneuse.
Tête de mouton. Tronche de morne.
Tétons. Rondelets.
Toi. Tezière, tezignard, tezingand.
Toile. Batouze.
Tout. Toutime.
Traître. Frollant.
Travailler. Maquiller.
Triompher, et tromper. Affurer.
Tuer. Rebâtir, érailler, basourdir,
  coffier.

V.

Vache. Cornante.
Vendre. Laver.
Vent (le). Le gris.
Ventre. Solir.
Vér.... Baude.
Verre à boire. Glace.
Viande. Crie, criolle.
Vie (la). L'affe.
Vigne. Calvine.
Ville. Vergne.
Vin. Pivois.
Vin blanc. Pivois savonné.
Vol, objes volé. Chopin.

Voler. Grincher, bouliner, sauter, effaroucher.

Voleur. Deffardeur.

Voleur de bois. Sabrieux.

Voleurs d'outils, ceux qui volent des outils chez leurs maîtres. Courtaux de boutanche.

Voleur solitaire. Cagou.

Volés, ceux qui ont été volés. Marcandiers.

Vous. Vouzailles, vouzingand, vozière.

Fin du Dictionnaire français-latin.

———

CHANSON NOUVELLE.

MUSIQUE DE M. NÉRON DE COQMARD.

PREMIER COUPLET.

Fanandels (1), en cette piolle (2)
On vit chenument (3);

———

(1) Camarades.
(2) Le cabaret.
(3) Fort bien.

Larton (1), pivois (2) et criolle (3),
   On a gourdement (4);
Pitanchons (5), faisons riole (6)
   Jusqu'au jugement.

DEUXIÈME COUPLET.

Icicaille (7) est le théâtre
   Du petit dardant (8);
Fonçons (9) à ce mion folâtre (10)
   Notre palpitant (11);
Pitanchons pivois chenâtre (12)
   Jusques au luisant (13).

---

(1) Le pain.
(2) Le vin.
(3) La viande.
(4) Beaucoup.
(5) Buvons.
(6) Bonne chère.
(7) Ici.
(8) L'Amour.
(9) Donnons.
(10) Petit garçon.
(11) Le cœur.
(12) Bon, excellent.
(13) Le jour.

Ah! Viens garçon. Tu veux tomber sur ma mar- -chandise; attend! j'vas t'applatir! Croquant.

DICTIONNAIRE

D'ARGOT,

ou

GUIDE DES GENS DU MONDE,

POUR LES TENIR EN GARDE

NTRE LES MOUCHARDS, FILOUX, FILLES DE JOIE,

ET AUTRES FASHIONABLES ET PETITES-

MAÎTRESSES DE LA MÊME TREMPE.

PAR UN MONSIEUR COMME IL FAUT,

Ex-Pensionnaire de Ste-Pélagie.

—

Faut-il que sur le front d'un gibier de galère,
Brille de la vertu le sacré caractère,
Et ne devrait-on pas à des signes certains
Reconnaître le cœur des scélérats coquins.

Deuxième Edition.

PARIS,

CHEZ LES MARCHANDS DE NOUVEAUTÉS

—

1827.

IMPRIMERIE DE GUIRAUDET, RUE ST.-HONORE.
N. 315.

PREFACE.

Depuis long-temps ce dictionnaire manquait dans la librairie.
C'est donc rendre un véritable
service à ce corps respectable et
utile que de s'occuper de ses intérêts.

Les jeunes gens de l'ancien régime, ces aimables roués qui s'a-
donnaient aux plaisirs avec tant
d'ardeur, illustrés par leurs nombreux exploits galants, parachevaient leur éducation en faisant
une étude particulière du langage
appelé vulgairement *argot,* et les
plus grands seigneurs ne dédaignaient point d'entrer en lice avec
une fille de joie, pourvu qu'ils
pussent profiter de ses leçons.

Chaque corps d'état a son dialecte, plus ou moins difficile à entendre. Le plus noble et le plus serré est sans contredit celui des voleurs. Aussi avons-nous apporté tous nos soins à compléter un petit dictionnaire du langage de de ces messieurs.

Les comédiens ont aussi leur dialecte. Les historiens rapportent que Préville jargonnait le sien à merveille.

Pour demander : Combien paie-t-on pour entrer à la comédie, *Combien rafile-t-on de logagne pour allumer la bouletade?* La troupe s'appelait *banque*. Pour demander : Celui qui est à côté de vous est-il un comédien, *Le gouze qui est à votre ordre est-il de la banque?* Si l'interrogé répondait négativement, il disait : *Non, il est laf comme le raboin,* ce qui siguifiait : Il est profane comme le diable.

Les considérations majeures qui ont engagé l'éditeur à faire une nouvelle publication de ce petit dictionnaire seront faciles à concevoir. Un exemple viendra justifier son entreprise.

Revenant dernièrement d'un bal, je passais à deux heures sur le boulevart Saint-Martin, en face la rue de Bondy, lorsque je m'aperçus que j'étais suivi par deux individus qui parlaient entre eux de manière cependant à être entendus. Ce qui les avait séduit chez moi était un fort beau manteau dont j'étais alors enveloppé. Après quelques discussions, il paraît qu'ils arrêtèrent de me *filer ma plure* (de me voler mon manteau). Grâce à mon système d'éducation, il me fut facile d'ob-

VIII

vier à cet inconvénient. Je me dédrappai aussitôt, en prenant les coins de mon manteau, prêt à les leur lancer à l'espagnole, et à leur couper la figure avec. Je les attendis bien tranquillement. Donne-nous ta montre, me dit fort brusquement le *fanandel*.... Impossible, lui répondis-je en m'écartant un peu. *Ma toquante* n'est pas faite pour *un marlousier* de ton espèce; et quant à *ma plure, viens me la débrider.* Ils se consultèrent entre eux, s'approchèrent pour m'examiner de nouveau; mais voyant que j'allais leur couper la figure avec mon manteau, ils prirent aussitôt la fuite. Et moi de bénir le hasard qui m'a fait apprendre leur dialecte.

Nous offrons ce Dictionnaire aux gens du monde pour les pré-

munir contre les voleurs, filoux,
escrocs, mouchards, filles de joie,
en un mot contre les habitants
des galères et autres endroits de
société plus ou moins aimables.

Particuliers par trop séduisants,
quels remerciements ne devez-
vous pas à ces marchands de nouveautés qui s'empressent de vous
offrir cet aimable guide.

DICTIONNAIRE D'ARGOT.

—

LATIN-FRANÇAIS (1).

A.

Abbaye rusante.   Four chaud.
Abloquir.   Acheter.
Affe (l').   La vie.
Affurer.   Triompher, tromper.
Ambier.   Fuir.
Andosse.   Échine, dos.
Angluces.   Oies.
Angoulême (l').   La bouche.
Anquilleuse.   Femme qui porte un ta-

———

(1) Par le mot *latin*, ces messieurs entendent *argot*.

blier, pour cacher ce qu'elle vole chez
les marchands.

Antiffe. Marche.

Antroller. Emporter.

Apôtres. Doigts.

Aquiger. Faire.

Astic. Épée.

Attaches. Boucles.

Attaches d'huile. Boucles d'argent.

Atiger. Blesser.

Attrimer. Prendre.

Avergots. Œufs.

B.

Babillard. Livre.

Babillarde. Lettre, épître.

Baccon. Pourceau.

Bâcler. Fermer.

Barbaudier de castu. Gardien d'un
hôpital.

Balle. Franc.

Basourdir. Tuer.

Batouze. Toile.

Battre comtois.   Faire le niais, l'imbécille.

Battre l'antiffe, battre l'estrade.   Marcher.

Baude.   Vér...

Baudru.   fouet.

Bauge.   Coffre.

Baigneuse.   Tête.

Bier.   Aller.

Blavin.   Mouchoir.

Boc.   Montre.

Bouffarde.   Pipe.

Bouillante.   Soupe.

Bouliner.   Voler.

Bouis (Le).   Le fouet.

Boutanche.   Boutique.

Brêmes.   Cartes.

Brenicle.   Rien, non.

Briqman.   Sabre.

Brider.   Fermer.

Brocante.   Bague.

Brouée.   Des coups.

Butte (la).   Guillotine.

Butté (être).   Être guillotiné.

C.

Cachemire d'osier.　Hotte de chiffon-
nier.

Cachemitte.　Cachot.

Cagou.　Voleur solitaire.

Callots.　Teigneux.

Caloquet.　Chapeau.

Calvin.　Raisin.

Calvigne.　Vigne.

Cambrose.　Servante.

Camelote.　Chose.

Camouffle.　Chandelle.

Camuse.　Carpe.

Canton.　Prison.

Cantonniers.　Prisonniers.

Capons.　Les écrivains des autres.

Caruche.　Prison.

Cassantes.　Des noix.

Casser la hane. Couper la bourse.

Castroz.　Chapon.

Castu.　Hôpital.

Chenâtre, chenu.　Bon, beau.

Chenuement. Fort bien.

Chopin.　Objet volés.

Coëfre.   Maître des gueux.
Coffier.   Tuer.
Combre.   Chapeau.
Comte de la caruche.   Geôlier.
Cône (la).   La mort.
Coquillards.   Pèlerins.
Cornant.   Bœuf.
Cornante.   Vache.
Corner.   Puer.
Cornets d'épices.   Pères capucins.
Couleurs (monter des).   Mentir.
Couliant.   Du lait.
Courteaux de boutanche.   Ceux qui
  volent des outils chez leurs maîtres.
Craquelin.   Menteur.
Creux.   Maison.
Cric, Croc.   A ta santé.
Crie, Criolle. De la viande.
Crier au vinaigre.   Cier après quelqu'un.
Crocs (les).   Dents.
Crucifix.   Pistolet.
Crote d'ermite.   Poire cuite.
Culbute.   Culotte.

D.

Dabe.   Maître, père, roi.

Dabuche.   Maîtresse, mère.

Dardant.   L'Amour.

Daron.   Maître, père.

Daronne.   Maîtresse, mère.

Débâcler.   Ouvrir.

Débiner.   Parler contre.

Débrider.   Ouvrir.

Défalquer.   Ch....

Défardeur.   Voleur.

Déflourer la picouze.   Prendre le linge qui est étendu sur des perches dans les prés.

Défrusquiner.   Déshabiller.

Démurger.   S'en aller.

Détacher le bouchon.   Couper la bourse.

Doublage.   Larcin, larronage.

Doubleur.   Larron.

Doubleux de sorgue ou sorgne.   Larron de nuit.

Douilles.   Cheveux.

Drille.   Soldat.

Dure (la).   La terre.

E.

Effaroucher.   Voler.

Egrailler ou érailler l'ornie. Prendre la poule.

Embander. Prendre de force.

Empave. Drap du lit.

Entiffe, entonne. Eglise.

Entraver ou enterver. Entendre, écouter, comprendre.

Entroller. Emporter.

Epouser la foucandière. C'est quand les filoux jettent ce qu'ils ont dérobé, de peur d'être pris.

Epouser la veuve. Être pendu.

Erailler. Tuer.

Esbrouffe. Air important.

Escoutes. Oreilles.

Esganacer. Rire.

Esgarer. Perdre.

Espigner (s'). Se sauver.

Estafon. Chapon.

Estuquer. Attraper un coup.

F.

Fanandel. Camarade.

Faraude. Madame, mademoiselle.

Farot. Monsieur.

Felouse. Poche.

Fertange. La paille.

Ficher ou déficher. Bailler.

Flambe. Épée.

Flou (le), floutière. Rien.

Floueur. Escroc aux jeux.

Foncer, fouquer. Donner.

Fouillouse. Poche.

Francillon. Français.

Francs mitoux. Faux malades.

Fretillante. La queue.

Fretille. Paille.

Fretiller. Danser.

Frimion. Le marché.

Frollant. Traître.

Froller sur la balle. Médire de quelqu'un.

Frusquin. Habit.

Frusquiner. Habiller.

G.

Gallier. Cheval.

Gance. Clique.

Gargouenne. Bouche.

Gaudille. Epée.

Chanson nouvelle

Musique de M: Néam de Coquenard.

Gaux-picantis.　Des pous.
Gitre.　J'ai.
Glace.　Verre à boire.
Glier, glinet.　Le Diable.
Goupline.　Pinte.
Gourdement.　Beaucoup, bien.
Grain.　Ecu.
Gratouse.　Dentelle.
Greffir.　Dérober finement.
Grenasse.　Grange.
Grenu.　Blé.
Grenuche.　Avoine.
Grenue.　Farine.
Griffard.　Chat.
Griffer.　Prendre.
Grincher.　Voler.
Gripis.　Meunier.
Gris (le).　Le vent, le froid.
Grive (la).　La guerre.
Grivier.　Soldat.
Gueulard.　Bissac.
Guibons.　Jambes.
Guibons de satou.　Jambes de bois.
Gy, girolle.　Oui.

II.

Hane.　Bourse.
Happer le taillis.　S'enfuir vite.
Happin (un).　Un chien.
Harpions.　Mains.
Haut-tems.　Grenier.
Havre.　Dieu.
Herplis.　Liards.
Hubins.　Ceux qui se disent mordus de
　chiens enragés.
Huile.　De l'argent.
Huîtres de Varanne.　Fèves.
Hust must.　Grand merci.

J.

Jaspiner.　Parler.
Jaspin.　Oui.
Jonc.　Or.
Juxte.　Près, contre.

L.

Lance.　Eau.

Lancequiner. Pleuvoir.
Landau à baleines. Parapluie.
Lanterne. Fenêtre.
Largue. Catin.
Larton brutal. Pain bis.
Larton savonné. Pain blanc.
Lascailler. Pisser.
Laver. Vendre.
Licher. Boire.
Limasse, lime. Chemise.
Lingres. Couteaux.
Longue. Année.
Louche (la). La main.
Lourdaut. Portier.
Lourde (la). La porte.
Luisant. Le jour.
Luisante. La lune, la fenêtre.
Luisard. Le soleil.
Luisarde. La lune.
Luques. Faux certificats.

M.

Malingreux. Ceux qui ont de fausses
plaies

Maqui (mettre du).   Se mettre du rouge.

Maquiller.   Travailler, battre.

Maquiller les brêmes.   Jouer aux cartes.

Marcandiers.   Ceux qui disent avoir été volés.

Marcandier   signifie encore un marchand.

Marlousier.   Maquereau.

Maron.   Du sel.

Marpaut.   Maître, homme.

Marquant.   Homme.

Marque.   Fille.

Marquin.   Couvre-chef.

Marquise.   Femme.

Maturbes.   Dés.

Mec.   Bon Dieu.

Menée d'avergots.   Douzaine d'œufs.

Menée de ronds.   Douze sous.

Menteuse.   Langue.

Mézière.   Moi, simple.

Michon (du).   De l'argent.

Millards.   Ceux qui portent des bissacs sur le dos.

Mion.   Garçon.

Mions de boule.   Coupeurs de bourse, filoux.

Molauche. Laine.
Montante. Culotte.
Morfe (la). Le repas, la mangeaille.
Morfiante. Assiette.
Morfier. Manger.
Morne. Mouton, brebis.
Mornos. La bouche.
Mouchailler. Regarder.
Mouillante. Morue.
Mouscailler, ou filer du proye. Ch..
Mousse. M....
Moutard. Enfant.

N.

Narquois. Soldat mendiant.
Nazonant. Le nez.
Nouzaille, nouzingan, nozière. Nous.

O.

OEil (avoir à l'). Sans payer.
Ornichon. Poulet.
Ornie. Poule.
Ornie de balle. Poule d'Inde.

Ornion. Chapon.
Orphelins. Ceux qui vont de compagnie.

P.

Pacant. Un passant.
Paladier. Un pré.
Pallots. Paysans.
Palpitant Cœur.
Panturne. Catin.
Paquelin. L'enfer.
Parfond. Pâté.
Parfonde. Cave.
Pasquelin. Pays.
Passants, passifs. Souliers.
Pâté d'ermite. Des noix.
Pate (la). La lime.
Paturons. Les pieds.
Paturons de cornant. Pieds de bœuf.
Paturons de morne. Pieds de mou-
ton.
Pégoces. Pous.
Pellard. Du foin.
Petouze. Pistole.
Pharos. Gouverneur d'une ville.

Piau.   Lit.

Piausser.   Se coucher.

Picter.   Boire.

Picton.   Boisson.

Piètres.   Estropiés.

Pincer.   Prendre.

Pinos.   Des deniers.

Piolle.   Cabaret, taverne.

Piollier.   Tavernier.

Pioncer.   Dormir.

Pipet.   Château.

Pitancher.   Boire.

Pivois.   Du vin.

Pivois savoné.   Vin blanc.

Plomber.   Puer.

Plotte.   Bourse.

Plure.   Redingotte, manteau.

Poitou (le)   Non, rien.

Polissons.   Ceux qui vont presque nus.

Pommard.   Bierre.

Pomer marron.   Prendre sur le fait.

Ponisse magnuée.   Femme débauchée.

Poisson.   Souteneur.

Pouchon.   Bourse.

Poser et marcher dedans.   S'embrouil-
    ler.

Pousse (la). Corps des gendarmes.
Proye. Le c...

Q.

Quart-d'œil. Commissaire.
Quoque. Aussi, mêmé.

R.

Raboteux ou doubleux de sorgne.
   Larron de nuit.
Ragot. Quart d'écu.
Raille. Mouchard.
Ratichon. Abbé, prêtre.
Recoquer. Rendre.
Rebâtir. Tuer.
Rejaquer. Crier.
Rême. Fromage.
Renâcler. Crier après quelqu'un.
Rengrâcier. Renoncer.
Rifauder. Brûler, cuire, c   uffer.
Rife. Feu.
Rincer. Voler.
Riolle. Bonne chère.

Rond. Un sou.
Rondelets. Tétons.
Rondin. M....
Rossignoler. Chanter.
Rouatre. Du lard.
Roufier. Soldat.
Rouillarde. Bouteille.
Rouin. Prévôt.
Roumard. Roué.
Rouscaillante. La langue.
Rouscailler. Parler.
Rouscailler bigorne. Parler jargon.
Roveaux. Gendarmes.
Rupin. Gentilhomme.
Rupine. Dame.
Rusquin. Ecu.

S.

Sabouler. Incommoder, ou cirer.
Sabouleux. Ceux qui tombent du haut-mal.
Sabre. Un bâton.
Sabrenot. Cordonnier, savetier.
Sabrieux. Voleur de bois.

Sacre.   argent.

Salivergne.   Ecuelle.

Santu.   Santé.

Sapins.   Planches.

Satou.   Bois, forêt.

Sauter, *act.*   Voler.   Sauter, *neut.*
    Puer.

Serpillière.   Robe.

Serpillière à ratichon.   Robe de prêtre.

Sezière, sezingand.   Lui.

Solir.   Le ventre.

Sorgue ou sorgne.   La nuit.

Stue.   Part du larcin.

Suer, faire suer.   Se faire donner part
    du vol.

T.

Tabar, tabarin.   Manteaux.

Tante (ma).   Mont-de-piété.

Tappe (la).   La fleur-de-lis.

Tartir.   Chier.

Tenante, tezière, tezignard, tezingand.
    Toi.

Thune.   L'aumône.

Tirans. Bas.

Tirou. Chemin.

Toccange. Coquilles de noix.

Toccante. Montre.

Tollard, tolle. Le bourreau.

Tôle. Derrière.

Torniquet. Moulin.

Tournante. Une clé.

Tourner (faire). Attraper.

Tourtouse. Corde.

Toutime. Tout.

Treffle. Tabac.

Treflière. Tabatière.

Trimancher. Cheminer, marcher.

Trimard. Chemin.

Trimarder, trimer. Cheminer, marcher.

Tronche (la). La tête.

Tronche de morne. Tête de mouton.

Trottant. Rat.

Trucher. Demander l'aumône.

Trucheux. Gueux.

V.

Verdouzier. Jardin.

Vergne.　Ville.
Verver.　Pleurer, crier.
Vouzailles, vouzingand, vozière.
　Vous.

Fin du Dictionnaire latin-français.

Beau drap, beau linge, filons-lui sa plure; va comme est dit; grinchons le.

DICTIONNAIRE D'ARGOT.

—

FRANÇAIS-LATIN.

A.

Abbé.   Ratichon.

Acheter.   Abloquir.

Admirable, bon, excellent.   Chenu, chenâtre.

Air important.   Esbrouffe.

Aller.   Bier.

Aller (s'en).   Démarger.

Amour.   Dardant.

Année.   Longue.

Attraper.   Faire tourner.

Attraper un coup.   Estuquer.

Argent (de l').   De l'huile, de la bille, du michon(1).

---

(1) Voilà les seuls mots qui signifient de l'argent. *Douille*, depuis long-temps, ne veut plus dire que cheveux.

Assiette.   Morfiante.

Aumône (l').   Thune.

Auprès.   Juxte.

Aussi.   Quoque.

Avoine.   Grenuche.

B

Bague.   Brocante.

Bailler, donner.   Ficher ou déficher.

Bas (les).   Tirans.

Bâton.   Sabre.

Battre l'estrade, marcher.   Battre l'antiffe.

Beau.   Chenu, chenâtre.

Beaucoup.   Gourdement.

Bien, fort bien.   Chenuement.

Bierre.   Pommard.

Bissac.   Gueulard.

Blé,   Grenu.

Blesser.   Atiger.

Bœuf.   Cornant.

Boire.   Picter, pitancher.

Bois à toi (je).   Cric, croc.

Bois, du bois.   Satou.

Boisson.   Picton.

Bon, excellent, admirable. Chenu, chenâtre.

Bonne chère. Riolle.

Bouche (la). Angoulême, mornos, gargouenne.

Boucles. Attaches.

Boucles d'argent. Attaches d'huile.

Bourreau. Tollard, tolle.

Bourse (la). Bouchon, hane, plotte.

Bouteille. Rouillarde.

Boutique. Boutanche.

Brûler. Rifauder.

C.

Cabaret, taverne. Piolle.

Cabaretier. Piollier.

Cachot. Cachemitte.

Callot. Teigneux.

Camarade. Fanandel.

Capucin. Cornet d'épices.

Carpe. Camuse.

Cartes. Brêmes.

Catin. Largue, panturne.

Cave. Parfonde.

Certificat faux. Luque.

Chandelle. Camouffle.

Chanter. Rossignoler.

Chapeau. Caloquet, combre.

Chapon. Castroz, ornion.

Chat. Griffart, estafion.

Château. Pipet.

Chauffer. Rifauder.

Chemin. Trimard.

Cheminer. Trimer, trimarder, trimancher.

Chemise. Lime, limasse.

Cheval. Gallier.

Chien (un). Un happin.

Ceux qui ont été mordus par des chiens enragés. Hubins.

Ch..... Mouscailler, filer du proye, tartir, défalquer.

Chopine. Tenante.

Chose. Camelotte.

Clef. Tournante.

Clique. Gance.

Cochon. Baccon.

Cœur. Palpitant.

Coffre. Bauge.

Commissaire. Quart-d'œil.

Compagnie, ceux qui vont de compagnie. Orphelins.

Comprendre, écouter, entendre. Entraver, ou enterver.

Contre, près, auprès. Juxte.

Coquilles de noix. Toccanges.

Corde. Tourtouze.

Cordonnier. Sabrenot.

Corps des gendarmes. La pousse.

Coucher (se). Piausser.

Couper la bourse. Casser la hane, détacher le bouchon.

Coupeurs de bourse. Mions de boule.

Coups (des). Une brouée.

Couteaux. Lingres.

Couvre-chef. Marquin.

Crier, tempêter après quelqu'un. Renâcler, crier au vinaigre, ou rejaquer.

Crier, pleurer. Verver.

Cuire. Rifauder.

Cul (le). Proye.

Culotte. Culbute.

D.

Dame. Rupine.

Danser. Frétiller.

Demander l'aumône. Trucher.

De même, aussi. Quoque.

Denier. Pinos.

Dentelle. Gratonze.

Dents (les). Les crocs.

Dérober finement. Greffir.

Dés. Maturbes.

Déshabiller. Défrusquiner.

Diable (le). Glinet ou glier, glivet.

Dieu. Mec, havre.

Doigts. Apôtres.

Donner, bailler. Ficher ou déficher, foncer, fouquer.

Donner part du vol. Suer.

Dormir. Pioncer.

Dos, échine. Andosse.

Douzaine. Menée.

Douzaine d'œufs. Menée d'avergots.

Douzaine de sous. Menée de ronds.

Draps de lits. Empaves.

E.

Eau. Lance.

Eschine, dos. Andosse.

Ecrivain des autres. Capon.

Ecu. Rusquin, grain.

Ecuelle. Salivergne.

Eglise. Entiffe, entonne.

Emporter. Antroller ou entroller.

Enfant. Moutard.

Enfer. Paquelin.

Entendre, écouter, comprendre. Entraver ou enterver.

Epée. Astic, flambe, gandille.

Epier, examiner. Mouchailler.

Escroc au jeu. Floueur.

Estropiés. Piètres.

Excellent, bon admirable. Chenu, chenâtre.

F.

Faire. Aquiger.

Faire donner part du vol (se). Faire suer.

Farine. Grenue.

Femme. Marquise.

Femme débauchée. Ponisse magnuce.

Femme qui cache ce qu'elle vole sous un tablier. Anquilleuse.

Fenêtre. Lanterne, luisante.
Fermer. Brider, bâcler.
Feu. Rife.
Fèves. Huîtres de varanne.
Fille. Marque.
Fleur de lis appliquée sur l'épaule (la).
  La tappe.
Foin (du). Pellard.
Forêt. Satou.
Fort bien. Chenuement.
Fouet. Baudru.
Four chaud. Abbaye rusante.
Franc. Balle.
Français. Francillon.
Froid (le), le vent. Le gris.
Fromage. Rême.
Fuir. Ambier, filfarder.

G.

Garçon. Mion.
Gardien d'hôpital. Barbaudier de
  castu.
Gendarmes. Roveaux, où la lousse.
Gentilhomme. Rupin.

Geôlier.   Comte de la caruche.

Gouverneur d'une ville.   Pharos.

Grand merci.   Hust must.

Grange.   Grenasse.

Grenier.   Haut-temps.

Guerre (la).   La grive.

Gueuser.   Trucher.

Gueux.   Trucheux.

Guillotine (la).   La butte.

Guillotiné (être).   Butté.

H.

Habiller.   Frusquiner.

Habit.   Frusquin.

Haut-mal (ceux qui tombent du).   Sabouleux.

Homme.   Marpaut, marquant.

Hôpital.   Castu.

Hotte de chiffonier.   Cachemire d'o-
sier.

I.

Ici.   Icicaille.

Incommoder. Sabouler.

J.

J'ai. Gitre.
Jambes de bois. Guibons de satou.
Jardin. Verdouzier.
Jeter les choses dérobées, de peur d'être
  pris. Epouser la foucandière.
Jour (le). Luisant.

L.

Laine. Molanche.
Lait (du). Couliant.
Langue (la). Rouscaillante, menteuse.
Larcin. Doublage.
Lard (du). Rouatre.
Larron. Doubleur.
Larron de nuit. Rabatteux, ou dou-
  bleux de sorgue ou sorgne.
Larronage. Doublage.
Lettre, épître. Babillarde.
Liards. Herplis.
Lit. Piau.
Livre. Babillard.

Lune (la). Luisarde.

Lui ou elle. Sezière, sezingand.

M.

Madame. Faraude.

Mademoiselle. Faraude.

Mains (les). Les louches, les harpions.

Maison. Creux.

Maître (le). Marpaux.

Maître (le), le père. Daron, dabe.

Maître des gueux. Coêfre.

Maîtresse, mère. Daronne, dâbuche.

Malades (faux). Francs-mitoux.

Mangeaille. La morfe.

Manger. Tortiller, morfier.

Manteau. Tabar, tabarin, plure.

Marchand. Marcandier.

Marché, le marché. Boule.

Marcher. Battre l'antiffe, trimer, trimarder, trimancher.

Médire de quelqu'un. Froller sur la
balle.

Même. Quoque.

Mendier. Droguer.

Mensonge.   Couleur.
Menteur.   Craquelin.
Mentir.   Monter des couleurs.
Mère.   Daronne, dabuche
M..   Rondin, mousse.
Meunier.   Gripis.
Moi.   Mézière.
Monsieur.   Farot.
Mont-de-Piété.   Ma tante.
Montre.   Toccante, boâ
Mort (la).   La cône.
Morue.   Mouillante.
Mouchard.   Raille.
Mouchoir.   Blavin.
Moulin.   Torniquet.
Mouton, brébis.   Morne.

N.

Nez (le).   Nazonant.
Niais (faire le).   Battre comtois.
Noix.   Cassantes, pâtés d'hermites.
Non.   Brenicle.
Nous.   Nouzaille, nouzingan, nozière.
Nuit (la).   Sorgne ou sorgue.

Nus, ceux qui vont presque nus. Polissons.

O.

OEufs. Avergots.
Or. Jonc.
Oreilles. Escoutes.
Oter le linge de dessus les haies. Déflourer la picouze.
Ouvrir. Débâcler, débrider.
Oui. Gy, girolle, jaspin.
Oies. Angluces.

P.

Paille. Fertange, fretille.
Pain. Larton.
Pain blanc. Larton de meulans, larton savonné.
Pain blanc. Larton de gros Guillaume, larton brutal.
Parapluie. Landau à baleines.
Parler. Rouscailler, jaspiner.
Parler contre. Débiner.

Parler jargon.   Jaspiner, rouscailler bigorne.

Part du larcin.   Stue.

Passant.   Pacant.

Pâté.   Parfond.

Payer (ne rien).   Avoir à l'œil.

Pays.   Pasquelin.

Paysans.   Pallots.

Pèlerins.   Coquillards.

Pendu, être pendu.   Epouser la veuve.

Perdre.   Esgarer.

Père.   Daron.

Pieds.   Paturons.

Pieds de bœuf.   Paturons de cornant.

Pieds de moutons.   Paturons de morne.

Pinte.   Goupline.

Pipe.   Bouffarde.

Pisser.   Lascailler.

Pistole.   Petouze.

Pistolet.   Crucifix.

Plaies, fausses plaies, ceux qui les ont. Malingreux.

Plancher.   Sapin.

Pleurer.   Verver.

Pleuvoir.   Lancequiner.

Poche.   Felouse, fouillouse, profonde.

Poires cuites. Crottes d'ermites.

Porte. Lourde.

Porteurs de bissacs sur le dos. Millards.

Portier. Lourdaut.

Poule. Ornie.

Poule d'Inde. Ornie de balle.

Poulet. Ornichon.

Pourceau. Baccon.

Pous. Gaux-picantis, pégoces.

Pré. Paladier.

Prendre. Attrimer, pincer.

Prendre le linge qui est étendu sur des perches dans les prés. Déflourer la picouse.

Prendre la poule. Egrailler, ou érailler l'ornie.

Prendre de force. Embander.

Prendre sur le fait. Pomer marron.

Près, auprès. Juxte.

Prêtre. Ratichon.

Prévôt. Rouin.

Prison. Canton, caruche.

Prisonniers. Cantonniers.

Proche. Juxte.

Puer. Corner, plomber, sauter.

Q.

Quart d'écu. Ragot.
Queue (la). Fretillante.

R.

Raisin. Calvin.
Rat. Trottant.
Regarder, examiner, épier. Mouchailler.
Rendre. Recoquer.
Repas. La morfe.
Rien. Le flou, floutière, brenicle, le Poitou.
Rire. Esganacer.
Robe. Serpillière.
Robe de prêtre. Serpillière à ratichon.
Roué. Roumard.
Roi. Grand dabe.
Rouge (mettre du). Maqui.

S.

Sabre. Briqman, bâton.

Santé. Santu.

Santé (à ta). Crie, croc.

Savetier. Sabrenot.

Sel (du). Maron.

S'embrouiller. Poser et marcher dedans.

S'enfuir. Happer le taillis, s'esbigner.

Sergent. Sacre.

Servante. Cambrose.

Sou (un). Roud.

Soldat. Rouffier, drille, grivier.

Soldat mendiant. Narquois

Soleil (le). Luisard.

Souliers. Passans, passifs.

Soupe. Bouillante

Souteneur. Poisson.

T.

Tabac. Trèfle.

Tabatière. Trefflière.

Teigneux. Callots.

Terre (la). La dure.

Terre, ce qui n'est point mer. Le sapin des cornants.

Tête. Tronche, beigneuse.
Tête de mouton. Tronche de morne.
Tétons. Rondelets.
Toi. Tezière, tezignard, tezingand.
Toile. Batouze.
Tout. Toutime.
Traître. Frollant.
Travailler. Maquiller.
Triompher, et tromper. Affurer.
Tuer. Rebâtir, érailler, basourdir, coffier.

V.

Vache. Cornante.
Vendre. Laver.
Vent (le). Le gris.
Ventre. Solir.
Vér.... Baude.
Verre à boire. Glace.
Viande. Crie, criolle.
Vie (la). L'affe.
Vigne. Calvine.
Ville. Vergne.
Vin. Pivois.
Vin blanc. Pivois savonné.
Vol, objet volé. Chopin.

Voler. Grincher, bouliner, sauter, effaroucher.

Voleur. Deffardeur,

Voleur de bois. Sabrieux.

Voleurs d'outils, ceux qui volent des outils chez leurs maîtres. Courtaux de boutanche.

Voleur solitaire. Cagou.

Volés, ceux qui ont été volés. Marcandiers.

Vous. Vouzailles, vouzingand, vozière.

Fin du Dictionnaire français-latin.

CHANSON NOUVELLE.

MUSIQUE DE M. NÉRON DE COQMARD.

PREMIER COUPLET.

Fanandels (1), en cette piolle (2)
  On vit chenument (3);

---

(1) Camarades.
(2) Le cabaret.
(3) Fort bien.

Larton (1), pivois (2) et criolle (3),
   On a gourdement (4);
Pitanchons (5), faisons riole (6)
   Jusqu'au jugement.

DEUXIÈME COUPLET.

Icicaille (7) est le théâtre
   Du petit dardant (8);
Fonçons (9) à ce mion folâtre (10)
   Notre palpitant (11);
Pitanchons pivois chenâtre (12)
   Jusques au luisant (13).

---

(1) Le pain.
(2) Le vin.
(3) La viande.
(4) Beaucoup.
(5) Buvons.
(6) Bonne chère.
(7) Ici.
(8) L'Amour.
(9) Donnons.
(10) Petit garçon.
(11) Le cœur.
(12) Bon, excellent.
(13) Le jour.